화두라는 감옥에서 나를 꺼내다

새 옷 입고 부르는 노래

화두라는 감옥에서 나를 꺼내다

새 옷 입고 부르는 노래

김기찬 시집

놀북

시인의 말

환골탈태

소년기는 송광사 금죽헌에서 29년
화재로 눈에 보이는 것 모두 잃고
청년기는 새로이 시작한 보성의 계심헌
열심히 살아온 13년, 집이 좁아졌네

낙죽이 국가무형 유산으로 지정된 지
62년 만에 하동 삼화실에
열매가 맺어졌네

돌이켜 보니
뿌리는 송광사 금죽헌에서
성장은 보성 계심헌에서
열매는 하동 삼화실에서 맺는 것 같네

이제 짧으면 5년, 길면 10년
작가로서 이생에 갈무리를 할 것이네

갑오(甲午) 청마(靑馬) 69세 낙죽장
불명은 관진(觀眞)
아호는 을산(乙山)
다 태워 버리고
계심헌에서는 하늘 애, 낙죽장만 썼네

에헤라 디야~
이젠 무엇을 더 바꾸고 버릴까!

                                                2022년 초겨울
                                                낙죽장 김기찬

차례

시인의 말

제1부

인생이 하루라면 나는 지금 어디쯤인가?	17
화두話頭·1	18
화두話頭·2	20
화두話頭·3	22
화두話頭·4	24
화두話頭·5	26
無자 화두	28
깨침에 대하여	30
쥐에 대한 단상	32
萬法歸一 一歸何處	34
낙죽장의 절	35
그것은 임의 기쁨입니다	36
허공의 문 없는 첫 문을 열고	38
물방울이 바다에 뛰어들어	40
참으로 성공하는 길	41
나는 인간문화재입니다	42
낙죽장의 주름살	43

하늘문 손잡이	44
생각해서 답하는 것은 모르는 것이네	45
나 어릴 때와 지금	46
기찬 애의 삶	48
너는 나의 거울	49
금죽헌 시절의 추억	50
빙산의 일각	52

제2부

스스로 한 곳으로 향하는가	57
차 한 잔의 명상	58
마음에 대하여	60
어처구니없는 것이 · 1	62
어처구니없는 것이 · 2	64
하나 되어 만족합니다	66
본성의 자리엔 없는 천당과 지옥	68
마음 밭에 잡초를 뽑다	70
계심헌에서 본 하늘	71
생각의 차이	72
안팎이 하나	74
낙죽장의 절	76
소소한 참회	77
참 삶의 갈림길에서	78
물을 끓이다 문득	79
스트레스 제로를 만들다	80
이와 같이 나는 보고 들었네	82

기찬 꿈 이뤄졌네	84
마음의 평화가 이뤄졌다는 것은	86
임 품 안에서 흥겨워라	88
낙죽장의 텅 빈 충만	90

제3부

낙죽장 계심헌인의 흥타령 · 1	93
낙죽장 계심헌인의 흥타령 · 2	94
낙죽장 계심헌인의 흥타령 · 3	96
백척간두에서 진일보하니	97
몸	98
더 높은 곳을 향하여	99
화두라는 감옥에서 '나'를 꺼내다	100
돌사자石獅子 구산九山 큰스님	103
마음의 평화가 이뤄졌다는 것은	104
차와 나 하나 됐네	106
바다	108
한 분이었네	109
새 옷 입고	110
百尺竿頭 進一步	111
반야심경을 먹다	112
대원사 벚꽃 시오릿길	114
어젯밤 꿈에	116
낙죽 2층 탁자	118

차 한잔의 명상 참회	120
계심헌인의 단상	122
늘 지금이 가장 좋아라 · 1	123
늘 지금이 가장 좋아라 · 2	126
문득 하늘나라	127
음의 시대라	128
스스로 돌아보며	130
하나 됐기에	132
이 세상이 아름다운 이유	133
꿈속에서	134
하늘문 손잡이 · 2	136
나의 가장 큰 원수는 나	137
O의 본질	138

제4부

無 · 2	141
낙죽장이 깨친 것은	142
돌사자 구산 큰스님 회상	144
낙죽황칠차칙 烙竹黃漆茶則	146
임을 만났네	147
나 없어 저절로 하나 되는 것이네	148
화색이 도는 얼굴	150
새벽에 일어나 앉아서	152
비우는 몸 사랑 꼬리물기 · 1	153
비우는 몸 사랑 꼬리물기 · 2	154
일요일 밤의 단상	156
이 뭐꼬?	157
봇재에서 차를 마시며	158
깨달아 아는 것	159
이 몸으로 가 본 길	160
아! 낙죽장	162
기적은	163
계심헌인의 명상 노래 · 1	164
계심헌인의 명상 노래 · 2	165

계심헌인의 기도	166
명문 차칙	167
오직 한 마음	168
觀(本性)	169
봇재 찻방에서	170
무아無我	171
자존심	172
깨달음	173
도고마성道高魔盛	174
하는 짓이 작품입니다	176
스스로 매긴 값	177

제1부

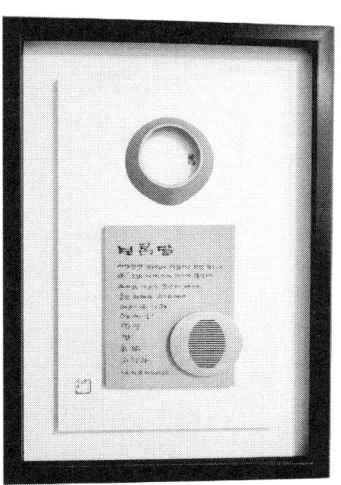

인생이 하루라면 나는 지금 어디쯤인가?

인생이 하루라면 나는 어디쯤인가?
똑딱똑딱 시간은 쉬지 않고 흐르는데
낙죽장의 몸 나이는 60살
마음 나이는 6살
몸은 9시를 가리키고
마음은 3시를 가리키네

전체는 하나로 시간이 없으나
인연 따라 개체로 왔기에 매임이 있네
있되 없고 없되 있는 유정의 몸으로
빛과 하나 되어 임 품에 들길 희망하네

이치를 머리로는 알고 있으나
가슴으로 내려오지 않았기에
오늘도 북쪽 하늘을 향하여
마음의 귀를 쫑긋 세우네.

화두話頭

지금 너의 마음이 지식으로 움직이냐
지혜로 움직이냐를 묻는 것이네

욕심이 마음을 움직이면 말끝을 쫓으나
양심과 하나 되어 있으면
묻는 이 마음의 본질을 보네

개가 불성이 있든 말든
토끼 뿔로 지팡이를 만들건
바다 밑 제비집에 알을 낳건
지금 네가 참정신이 되어 있느냐를
점검하는 것이네

개는 말끝을 쫓고
사자는 돌 던진 이를 물어 버리지!

6시에 일어난 낙죽장은
판치생모板齒生毛를 떠올리며

씩 웃어 보나 밖은 아직 어둡네
에헤라디야!

화두話頭 · 2

"뜰 앞에 잣나무, 마른 똥막대, 차 한잔 마시고 가게."
그게 다 그 소리
그것을 문제 삼아 답을 얻으려 노력하면 할수록
머리는 솥뚜껑 뒤집어쓴 것처럼 답답하기만 하지
그 수많은 문제는 미혹한 이를 재보는
잣대용 저울일 뿐이네

답을 얻으려는 개체의 머리통을 깨뜨려 버리면
전체인 무정의 허공문에 들어 공부의 시작이네
그 문을 통과하면 묘유의 마음문 나오지
묘유라 생각하는 그 통을 깨면
참공의 문 없는 문에 들어서네

한 문제가 풀리면 일체의 문제가 다 풀린다고
달 잡아 주야장천 쭈그려 앉혀 놓는
옛 선사의 달콤한 그 말씀은 아날로그요
너만 없어지면 된다는 임의 말씀은 감로의 디지털이네

진리에도 줄 있다

동문에 서라, 서문에 서라.
누대에 걸쳐 외쳐 왔으나 시절 인연 아니어서
너의 거짓만 죽으면 참나라 가르쳐준 참스승님 없었네
너만 바뀌면 우주가 바뀐다고
너만 없으면 나와 하나라 외친
하늘 없었어라
바다 없었어라.

화두話頭 · 3

O
이 뭣고?
양파네!
수행이란 방법으로 까고 까고 또 까면
결국은 허공이 나오는

'나'라는 개체 의식이 없어져
허공과 하나 되면
일체의 궁금함 없어지네

복권을 사랴
증권을 사랴
맛있는 것 찾아 백 리를 가랴

내가 이 세상에 온 이유를 아니
욕심으로 살아온 전생을 진참회하고
새 맘으로 열심히 사는 거야

삼씨 작품에 매진하는 것이

열심히 사는 것이고
그것이 욕심을 접어가며 그냥 사는 것
날 밝아오니 구정 전
대밭에서 낙죽장을 부르는 것 같네.

화두話頭 · 4

25살
송광사 대웅전에서 스님의 주례로 결혼식을 치르고
3일 뒤에 삼일암 구산 방장 스님께 인사 올리러 간 자리
녹차 한잔 내주시며
"무엇이 착한 것인지 일러 보소"

쩔쩔매던 새신랑 흰머리 69세가 되어
빙그레하며 답하기를
'하나 된 마음입니다.'

하근기 낙죽장 철들기 전에 떠나셨으니
이젠 꿈속에서라도 나투셔서
흔들어 보소서
어떻게 물으셔도
1,700에 1,700을 곱해도 하나입니다.

꿈 깬 아이 종이 접어 바람개비를 만들었는데
바람이 일지 않아도 잘 돌리며 놀고

재미있다는 생각도 없이 재미있네
에헤라디야!
코로나 시절도 감사합니다.
코로나보다 더 힘든 아내에게도 감사합니다.
아내보다 더 무서운 아들에게도 감사합니다.

아! 지금이 천국
곧 날이 밝아오는데 일하러 나가야지.

화두話頭·5

이 새벽에 망망대해로 나가
화두라는 낚싯대에 지렁이 대신
'이 뭣고?'를 끼워 던져 놓고
지긋이 추를 바라보고 있네

이윽고 입질이 와서 확 당겨 보니
'판치생모'도 있고 '삼 서근'도 있고 '마른 똥 막대'도 있네

아직도 머릿속에
벽암록이 있고 전등록이 있고 무문관을 보는 이여
깨쳤는가 아닌가는 오직 부처님과 자기만 알 것인데
깨쳤다는 이여
누가 깨쳤는가?

한 생각이 일어나면 답은 구만 리나 멀어져
생각하는 머리에 솥뚜껑이 씌워져
더욱 어둠에 빠지리라

깨쳤다고 자기 체면에 빠진이여

행이 나오고 있는가를 스스로 보라
철든 애는 날 밝아지면 회천 바닷가로 꽃 들고 가네.

無자 화두

개에게도 불성이 있는가?
부처님께서 삼라만상 두두물물이
부처 아닌 것이 없다 하였거늘
미혹한 이는 있다 해도 모르고
없다 해도 모르네

지식인가 지혜인가
無자로 점검하고
시비를 가리는 잣대로 썼네

그 잣대를 꺾고
잣대를 생각하는 머리를 깨뜨려
전체인 무로 돌려야 할 것이네

무문을 통과해야 유문 나오고
그다음에 유무가 하나인 참 공문에 들어서야
비로소 내 안에 참 나를 깨워 낼 수 있는 것이네
드러난 참 나를 굳건히 세운

임께서 감로를 베풀어
본 고향길로 인도하는 것이네
마치 물방울이 바다에 뛰어들었을 때 바다가 되듯이
본성 품에 들어 하나 되는 것이네
가는 길에 없다 있다지 그 품 안에선 의미가 없네.

깨침에 대하여

깨침은
내 마음 안에 거짓 상을
깨뜨리는 것
깨치지 못한 나는 누구인가?
누구는 마귀라고 하고
누구는 마구니라고 하고
누구는 사탄이라고 하네.
깨침은 내 안의 참 의식이
드러나는 것이네.

깨치고 나면
지나온 나날이
모두 거짓 삶이었고
여러대에 걸쳐 그렇게 살아온
나를 확연히 보는 것이네
보았기에 몸서리치게
진참회도 할 수 있는 것이고
진참회를 한 만큼
내 안에 가려져 있던

양심이 드러나는 것이네.

거짓이 깨어지기 전에는
절대로 볼 수 없는 것이고
그걸 누구는 견성했다고 하나
비로소 참 공부의 시작이네.

깨침을 입은 이는
참으로 바뀐 마음이니
모두 감사함뿐이네
이 몸 수명을 다해서 육옷을 벗어도
오고감이 없음을 알기에 두려움 없네
이생에서 본 고향 길을 행으로 닦고 닦아
오직 임의 품에 들기를 간절히 바라네.

쥐에 대한 단상

한때 그렇게 극성스럽게
온 집안을 어지르던 쥐들이
어느샌가 흔적 없이 사라져버렸다.

일 년이 지난 어느 날
사 놓았던 약봉지를 갉아 먹고
쥐가 죽어 있었다.

노서입우각老鼠入牛角
똑똑한 쥐가 그 봉지에 쌀알이 있음을 알고….

아! 나의 지난 삶이 그랬다.

쥐처럼,
누가 시키지 않는 버거운 일을
주변의 충고도 아랑곳하지 않고
저질러 놓고 빼도 박도 못 하고 잡혀 있었다.

5년 그리고 10년이나

업장이 되어 발목을 잡고 있었다.
내 잘남이 쥐약이었다.
잘난 귀신이 몸에 한번 붙으면
끝장을 볼 때까지 떨어지지 않는다.

그것도 내가 만든 인연이었으나
이젠 임의 품 안에 들어 있기에
그 틀에서 벗어나
대정의 사랑만 있네.

萬法歸一 一歸何處

깨우쳐라, 닦아라, 참회하라
전문으로 참선을 외치는 곳
그 울 안에서 29년을 살았다
머리로 머리로만 알고 싶었다
하나만 얻으면 다 얻는다는 달콤한 그 말씀에
철부진 한 분야 최고의 명예를 가지고 있으면서도
겉멋이 들어 최고에다 허공을 얹어 보려 했다
'만 법은 하나로 돌아가는데
그 하나는 어디로 가는가?'
하근기는 '부지하세월'로 답을 갈망하며
머리를 굴리고 있었다
속세의 인연 끝자락에서
그 머리에 불 철퇴를 맞고 혼절되었다

깨어난 아이 자문자답으로
하나는 하나로 그대로 완전하지!
마음밭은 시원해졌는데
철든 아인 큰 모자 눌러 쓰고
공원에 무성한 잡초 뽑으러 간다.

낙죽장의 절

요즈음 낙죽장의 취미는 절하는 것이네
무등산을 바라보며 절을 하네
무등등 평등하여 어머님 산이라고
임 생각하며 몸을 던지네

티베트 사람들은 마음의 고향을 찾아
수백 리 길을 삼보일배로
눈물겨운 오체투지를 하는데

낙죽장은 밍크 카펫 깔아놓고
사치스럽게 절을 하네
그래도 절하는 순간만이라도
마음을 다잡을 수 있기에…

오늘도 습관처럼 절을 하는데
아는구먼, 절하는 게 취미냐? 너를 던져라!
문득 자신이 호통치는 소리 가슴에 울리네.

그것은 임의 기쁨입니다

임은 낙죽장에게
무한한 의식 세계를 열어 주시어
새로움으로 열매 맺게 해 주시니
그것은 임의 기쁨입니다.

임은 이 작은 그릇에
누대의 업습을
비우고 또 지우셔서
맑아지고 밝아지니
그것은 임의 기쁨입니다.

임은 항상 따뜻한 손길로
작은 그릇을 어루만져 주시고
영감을 불어 넣어 주심에
환희에 차고 생기가 넘치니
그것은 임의 기쁨입니다.

임의 마음이

작은 가슴을 통해 손길로 이어져
한국의 낙죽 문화재가 만들어지니
그것은 임의 기쁨입니다.
세월은 흐르고 흘러도
임은 대정의 사랑으로
굳건히 세워 주시고 채워 주시나
아직도 빈자리는 많이 남아 있습니다.

임은 낙죽장에게
시작 없는 시작이요, 끝없는 끝입니다.

허공의 문 없는 첫 문을 열고

깨쳐서 그 문을 통과해 보겠다고
머리를 쓰면 쓸수록
그 문의 자물통은 굳건하기만 하지
오히려 포기하고
나는 죽었습니다
하는 것이 더 빠른 길이지

누가 깨치려 하는가?
거짓을 깨치려 하니 자신이 막는 것이네
누가 자기를 가장 잘 아는가?
오직 자기 자신이네
자신이 너무 잘 알아서
문을 안 열어주는 것이네

자신이 인정하도록 완전히 죽는 것이
첫 문을 여는 열쇠이네

죽도록 열심히 공부해서
'나는 100% 항복합니다' 했을 때

자신이 첫 문을 열어주는 것이네
무지의 어둠 속에서 첫 문이 활짝 열렸을 때
허공,
그 하늘을 보네
그 환희에
본성의 눈물이 주르르 흘러 장판을 적시지
그것이 무정의 첫 관문을 연 것이네.

물방울이 바다에 뛰어들어

"텅 빈 충만"
"텅 빈 충만에서 빛의 세계로"
"빗에서 빛으로"
"빛과 하나 되어"
"빛과 하나 되어 흥겨워라."
"임 품에서 흥겨워"

이 문구들이 시커먼 낙죽장 머리에서 나왔을까?
아! 맞아 계심헌인 머리에서 나왔지.

하루하루가 벅찬 감동이네요.
이제 이 몸 자연히 스러지면
마음의 몸으로 오래오래 오래도록 살겠네!

* 위는 낙죽장의 전시 도록 제목을 2008년~2011년 나열한 것입니다.
2016년 11월 30일 觀.

참으로 성공하는 길

내가 능력이 있어서
주체가 되어 성공하는 경우가 있고
나는 능력이 없으나
능력 있는 분을 따라가 성공하는 경우가 있네

내 안의 자신이 인정할 때까지
거짓을 죽여서 하나 되는 길이 있고
먼저 하나 된 분을
내 안에서 자신이 순도 100%라고 인정할 때까지 믿는 것이네.

이 두 가지 방법 중 하나가 이뤄지면
모두가 이뤄지는 것이네
그것은 나만의 성공이 아니라
내 9대 조상까지 기쁘도록 성공한 것이네

나는 인간문화재입니다

나는 인간문화재입니다.
무형문화재라고도 합니다.
인간의 몸으로 왔기에
언젠가는 형태가 없어지기 때문입니다.

사람이 문화재가 아니고
만든 물건이 문화재이나
그 물건을 사람이 만드니
또한 인간문화재입니다.

무형문화재 앞에 '중요'가 붙었습니다.
그것은 국보라는 다른 표현입니다.

그 이름에 맞게
후대의 평가에도 이겨낼 전설을 만들어야 합니다.
불을 능히 이겨낼 작품이 만들어질 때
비로소 인간문화재 기찬 솜씨라 하겠습니다.

낙죽장의 주름살

낙죽장의 주름을 펴려면 살이 쪄야 하네.
그러면 잔주름은 저절로 퍼지니

살은 빵 만들 반죽이니
부풀리려면 이스트를 쳐야 하는데
그것은 바로 감로라네

'감로만이 낙죽장을 편케 하리라.'
그것은 감로로 의식이 커져
주름살을 자연스럽게 보는 것이니

마음의 몸에는 주름살이 없다네.

하늘문 손잡이

이것은 무엇인가?
역대 성인들이 드나든
문 없는 문의 손잡이네
성인들은 누구였던가?
상이 없는 참상인
하늘 있음을 증명한
사람의 몸으로 오신 하늘(천사)이라네

하늘은 무엇인가?
통으로 하나인 우주라네
시작됨 없이 시작된 하늘
끝남 없이 끝나는 하늘

그 주인은 누구인가?
문 없는 문을 열고 닫으며
모두가 하나였기에 상생하라고
그 이치를 '줄탁동시'로 풀어주신
참 스승님 마음이라네.

생각해서 답하는 것은 모르는 것이네

 나 어릴 적 애늙은이라는 소리를 듣고 자랐네
옆집 아저씨가 붙여준 별명이 영감이었어
여섯 살쯤엔가
구구단을 흥얼거리고 다녔네

어느 날 옆집 아저씨가 나를 불러 세워 놓고
너는 구구단도 잘한다지
응!
4×8은
어린 나는 얼른 손을 뒤로 감추고
4×1은 4, 4×2는 8, 4×3은 12
응, 32
동네 아저씨, 알기는 안다마는…
하고 돌아서 가셨네
세월은 흘러 흘러
오늘에 이른 낙죽장은

"늘 깨어 있으라."
생각해서 답하면 모르는 것이네

나 어릴 때와 지금

여섯 살쯤엔가!
말문이 터지자 궁금한 게 많았네.
성!
응!
사람이 죽으면 어떻게 돼?
뒷산 양지바른 곳에 묻지.
묻으면 어떻게 돼?
땅속에서 물이 되고 흙이 되지.

어린 나는 땅속에서 물이 되어
흘러 흘러
한강으로 합쳐지는 상상을 하곤 했었다.

그 아이 60세가 되어 가는데
오늘도 물이 되어 흘러 흘러
바다에 합해지는 생각을 의식적으로 하니
아내의 짜증과 핏대도
부딪힐 것 없어 그냥 감사하네!

아무리 천하명당의 양지바른 곳에서
잔디 이불을 덮어도
"엄처시하가 더 났지!" 하니
열 받을 일 없네

다만 안타까운 것은
낙죽장의 무심함에
열 받아 힘들어하는 아내의 짠함이네
낙죽장은 그 안에 없기에
오늘 아침도
아내를 보고 첫인사가
두 팔을 올려 세 번째 손가락을 백회에 꽂네
그 손가락이 '나'이기에….

기찬 애의 삶

이른 새벽 눈뜨고
一切가 끊어진 本來 자리에서
잠시 즐거움 누리고 일어나네

삼씨의 창작은 과정에서부터
감사하고 재미있고 행복이 느껴지네

낙죽 분야의 앞길을
만들어 가는 가운데
후학들의 이정표를 꽂으며

낙죽장은 기찬 삼씨로
존재 이유와 과정에서
만족을 얻고 있네

有情의 삶 알고 사니 지화자.

너는 나의 거울

"상대의 잘못을 보고 참회하라, 그는 너의 거울이다"
나는 스승님께 이렇게 배웠네.

상대와의 부딪힘은 참회로 이어져
내 업의 무게를 줄여 주니 감사하고
모두가 내 탓으로 돌림을
생활 속에서 실천하니 부딪힐 일 없네.

'너와 나는 하나'인 우주
그 하나 안에서는 마음의 평화가 있네.
상대의 잘못을 보고 내가 고쳐지니
마음이 평화로와 얼굴이 밝아졌네.

내가 밝아지니 너 보기에도 좋아서
너와 나는 하나라네.

금죽헌 시절의 추억

강사스님 방에서 엉덩이가 아프도록 차를 마셨네
넉 잔 다섯 잔, 찻물이 싱거워질 때까지….
낙죽장은 궁금한 그것이 있어
스님! 만법이 하나로 돌아간다는데
그 하나는…
그러면 스님은 놀던 표정 접으시고 정색을 하며
"처사님! 참선해서 증득하십시오" 하셨네

잔머리 쓰는 낙죽장은 지 할 일이 더 바빴네
29년 동안 불자인 척
폼 잡고 흉내는 내 봤지만
방석이 찌그러져 붙도록 앉아서 싸워 보질 못했네

30여 년이 지난 즈음
금죽헌에서 몸과 마음이 떠나 새 옷 입은 계심헌인은
스님 입장에선 맞는 말이고
재가자 입장에선 틀린 말이네 라고
쓴 미소를 짓네

출가한 전문가도 깨치기 어려운 그 방법
재가 불자가 어떻게 깨치누
재가자가 공부하여 확통한 경우는 부처님 이래
열 손가락 안에도 안 들어
로또보다 더 막연하네

낙죽장은 진공관식부터 경험하여
트랜지스터, 아날로그를 넘어
디지털 시대를 맞았으나
미래는 정신 통합의 시대로
행복은 나 없는 참 의식이
나를 이끌 것이네.

빙산의 일각

눈에 보이는 것은
빙산의 일각이네

보이지 않는
저 심연에 가라앉아 있는 것을
무의식 세계라 이르네

무의식이 의식을 움직여
무정인 몸을 조정하는데
이것을 업이라고 하네

어찌할 수 없는 타고난 이것
이 몸의 의식으로 무의식을 퍼내야만
참으로 변할 수 있는 것이네

9대의 조상이 나로 왔으니
그 매듭을
이 몸으로 풀어야 하네

켜켜이 가려져 있는 막을
벗기고 또 벗겨 내야만
저 너머 고향 갈 길이 보일 것이네

길이 보일 때
비로소 참 공부는 시작되네.

제2부

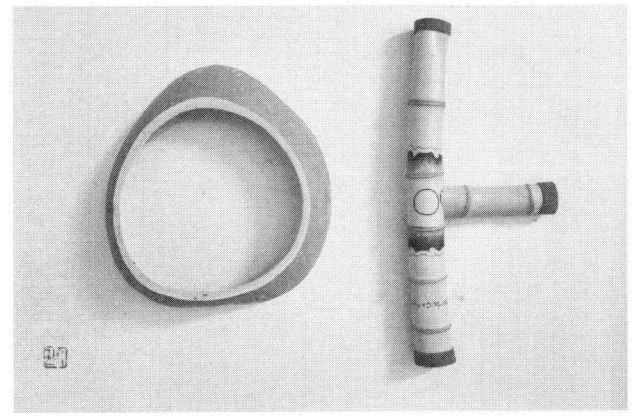

낙죽작품_ 임을 본 감탄사

스스로 한 곳으로 향하는가

서재필기념공원에 세워져 있는 솟대 오리나
새로이 만들어지는 빛의 조형물인 새와 사슴이
모두 무등산을 향하고 있네

북쪽에서 오실 진리를 향하여
이미 오셔 있는 진리를 향하여
내 마음 안에도 함께하신 임이네
누구는 "골방에서 기도하라"
누구는 "깨우치면 나와 같이 될 수 있다"
누구는 "사람이 곧 하늘이다"

이 모두는 하나
사람의 근본 성품 말해 줌 알 수 있네
둘 아닌 '참'
나는 오늘도
"올바르지 않은 너만 빼면 하나님의 분신이다"라고 일깨워 주신
　임이 계신 무등산 자락을 향하여
　마음의 귀를 쫑긋 세우네.

차 한 잔의 명상

차 한 잔 양손으로 감싸 쥐고
따뜻한 열기를 느끼며 명상에 젖어드네

어느덧 이 몸이 나라는 생각에서 벗어나
우주와 하나 됐네
무엇이 그리 잘 나 잘난 체 심했었고
무슨 한이 그리 많아
돈사랑 명예로
한풀이했는가!

업경대가 펼쳐지고
파노라마처럼
심연에 영상이 빠른 속도로 전개되며
참회로 이어지네

찻잔의 열기가 식어감에
문득 깨어나 나로 돌아오니

우주 된 나

여기 찻잔을 들고 있는 나
둘 아니네.

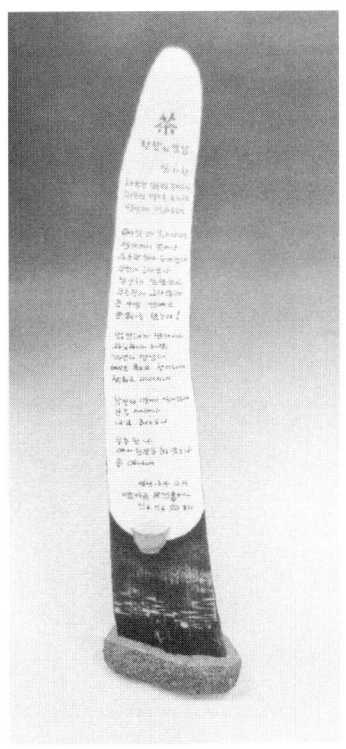

마음에 대하여

마음에는 두 가지가 있네
작은 마음은 오직 나만을 위한 마음이고
큰마음은 나를 떠나서 상대를 위한
우주적 마음이네

작은 마음으로 살 때는
미움과 원망이 끊이지 않았으나
큰마음으로 전환되어 살아보니
불편한 것이 보여도
그냥 보이네

상대의 허물이 내 지난 모습이라 생각하니
그 허물을 보며 내가 일깨워지네
마음속으로
"보여 주셔서 감사합니다" 하니
화가 날 일 없네

나는 누구인가?

한 생각 돌이켜 보니
하늘은 구름 한 점 없이 맑네.

어처구니없는 것이 · 1

주암호 담수 때 고향을 떠나며 버려진
어처구니없는 둥근 돌
어느 눈 밝은 이의 눈에 띄어
품 안에 안고 와 뜰 앞에 놓았네

세월은 흘러 며칠 전
관심을 가지고 보는 낙죽장에게
좋은 작품 구상이 떠오르면 쓰라고
선뜻 내어 주셨네

감사한 마음에 낙죽장은 한 생각 일으켜
빗에서 빛으로
빛과 하나 되어
참 마음을 밝히는 상징을 만들어
의식으로 어처구니를 대신하려 하네

어얼씨구 얼럴럴
잘 돌아가네

한 쌍의 맷돌은 음이고 어처구니는 양이라
음양이 하나일 때 비로소 완전함이네.

어처구니없는 것이 · 2

광주 예술의 거리 골동품 중에서
어처구니없는 둥근 돌 한 짝
눈에 들어왔네

물끄러미 바라보며
한 생각 돌려 보니
맷돌은 진공이고
어처구니는 묘유네
무정의 한 물건에
의식을 불어 넣어
우주를 돌려 보네

얼럴럴 잘 돌아가네
어처구니 있으나 없으나
잘 돌아가네

문득 나로 돌아와 보니
작품 구상은 끝나 있네

둥근 돌 한 짝 품에 안고
흥겨운 몸짓으로
계심헌에 돌아오며
혼잣말하네

그래 이 시대에
온 곳 모르고 갈 곳 몰라 하는 것이
참으로 어처구니없는 것이지
얼럴러 상사디야~
먼~ 무등산을 바라보니 마음이 포근해지네.

하나 되어 만족합니다

나는 내 눈빛에 만족합니다.
나는 내 얼굴에 만족합니다.
나는 내 몸에 만족합니다.
나는 내 하는 일에 만족합니다.
나는 내 몸에 깃든 마음에 만족합니다.

깃든 마음인 줄 알았더니
내 안에 본래 있던 마음이
밝게 드러남이었습니다.

그 마음을 사랑합니다.
그 마음을 존경합니다.
그 마음이 이끎을 따릅니다.

홀로 있을 때도 외롭지 않습니다.
내 안의 임 뜻에 귀 기울이고
지혜의 바다에 돛 올리니
순풍에 흥겨워 콧노래가 나옵니다.

세상 너머 세상은 임과 하나 된 나라
들숨에 거두어지고
날숨으로 만상이 나누어지는 임 계신 나라

라라 라라 라라라라라 무아의 세계
참공의 빛의 나라 어머님 품이네.

본성의 자리엔 없는 천당과 지옥

천당과 지옥도 윤회의 세계에서나
존재하는 것이네
내 무의식 세계에 누대로부터 켜켜이 쌓인
업과 습의 두꺼운 앙금을 보았네
그 모두를 진참회로 깨끗이 퍼내면
텅 비어 한 티끌도 없이
본래 모습으로 드러날 것이네

오직 감사 감사 감사하는 마음으로
따르는 내 9대 조상과
하나 되어 돌아갈 것이네
철든 앤 흥 타령하며
오고 감 없이 대유한 세계, 참의 세계, 본성의 세계로
새 옷 갈아입고 빛 따라가네
그 길은 좁은 길이나 뚜렷한 이정표 있어
헤맴 없이 갈 것이네
나를 보내주신 삼신할머니 품으로

라라 라라 라라라라 참공의 빛의 나라

라라라 라라라라 어머님 나라지.

마음 밭에 잡초를 뽑다

작품에 몰두하다 머리가 무거워지면
뜰앞 공원으로 풀 뽑으러 가네

워낙 넓은 공간이라
풀을 많이 뽑는 것은 버거운 일이나
뽑고 난 자리 뒤돌아보면
마음도 개운하고 머리도 맑아지네

풀을 뽑고 또 뽑다 힘이 들면
자문자답을 하네
"얼마만큼 해야 합니까?" 물으면
"너 자신이 만족할 만큼 하라"고 바로 답이 나오네

드러난 자신 앞에 낙죽장은 늘 겸허해지네.

계심헌에서 본 하늘

이른 새벽 눈 떠
계심헌에서 본 하늘은 새털구름입니다
아! 저렇게 아름다운 새털구름도
참 하늘을 가린 거짓 형상이네
그 틈새로
언뜻언뜻 보이는 저 창공만이
참 나의 모습일진대
새털구름 아름다워 조금 후에 사진 찍으니
벌써 다른 모습으로 변하고 있어
감동을 준 그 그림이 아닙니다

영원히 변치 않는 것 - 진리
진리란-무한대 순수허공
순수허공은-참 나 내 고향

하늘애 어느덧 6살이 되었습니다
줄탁동시로 이끌어 주신
어머니! 어머니! 어머니!

생각의 차이

한 미인과 얘기 중에
낙죽장은 식욕과 색욕이 멀어졌다고 하니
"아직 그럴 연세나 건강이 아닌 듯한데요" 하며
저으기 안됐다는 표정이네
낙죽장 계심헌인은 마음을 얘기하고 있는데
그 미인은 몸으로 알아듣고 나름으로 표현하네

오늘날 종교도 그런 듯이 보이네
불교는 내가 없어져 무아(허공)가 되라 하고
성경은 네 안에 거짓 영을 쫓아내고
성령으로 거듭나라고 이르고 있건만
무조건 믿어야 육이 잘산다고
믿어야 가족이 행복하다 하네

낙죽장도 그런 환경에서 자랐고 이후엔
부처의 울 안에서 온갖 척을 하며 양 십 년 넘었으나
욕심으로 살았기에 지혜 없었네

 그 인연 끝자락에서 눈에 보이는 모든 집착의 산물을

소지 공양 올리고
굽이굽이 산 넘고 물 건너 계심헌에 자리 잡으니
어머님산 무등산이 가까워졌네.

안팎이 하나

멀지 않은 옛날에
복정福井이라는 우물에서
그릇이 하나 나왔습니다.
처음엔 순수하니 쓸 만했습니다.
세월이 흐르면서 때가 묻으니
지저분해서 코팅을 했습니다.
크롬 코팅도 해 보고 은 코팅도 해 보고
나중엔 금 코팅도 해 보면서
그럭저럭 한 오십 년 썼습니다.
밖은 그렇게 치장이라도 했는데
안에 켜켜이 묻은 때가 한계에 이르니
이젠 밖으로 우러납니다.
그릇 안을 청소하기 시작했습니다.
1년을 닦고 2년을 닦고 3년을 닦고
13년을 닦고 보니
안의 맑음이 밖으로 우러납니다.
이제는 밖에 코팅할 필요가 없게 되었습니다.

이때 내면의 울림이 있었습니다.

"안팎이 하나라"
과거의 나도, 현재의 나도, 미래의 나도
통으로 하나인 마음
아! 전체인 그 하나의 마음만이 완전함이네.

낙죽장의 절

부모님께는 일 배를 올렸고
조상님께는 이 배를 올렸고
성인들께는 삼 배를 올렸고
참 스승님께는 사 배를 올렸네

스승님은 낙죽장을 어둠에서 깨어나게 해 주셨고
몸에 덕지덕지 붙어 있던 상념 체를 떼어 주셨으며
줄탁동시로 이끌어 주셨기에 참됨을 알 수 있었네

따뜻한 미소와 무한한 사랑으로
내 안의 본성을 세워 주신 스승님께
오늘도 하루의 시작과 끝에 8배를 올리네

절하는 이도 나이고
절 받는 이도 나이네
오직 감사하는 마음
범사에 감사하며 살겠습니다
본성 앞에 하심할 수 있기에
또 절.

소소한 참회

어제 밖을 물끄러미 보고 있는데
어떤 나이 지긋한 아주머니가
바구니에서 큰 모과를 한 개 집어
향을 맡아보고
슬며시 주머니에 넣어 버린다
옆의 일행도 무표정한 가운데
멀어져 가는 주머니가 노랗다

이 말을 들은 아내는 면박을 주지
그냥 보냈냐고,

아! 잘못했습니다.
보여 주셔서 감사합니다.
낙죽장도 과거에 모양만 다를 뿐
저런 경우가 여러 번 있었습니다

잘못했습니다.
잘못했습니다.
잘못했습니다.

참 삶의 갈림길에서

뱀의 어느 부분을 잡아야
완전히 제압할 수 있는가?
나는!
목을 쥐고 있는가?
꼬리를 쥐고 있는가?
스스로 물어보고 있네
답을 알고 있으면서도
허리를 쥐고 흔들고 있는 나

위험천만하게도
한 치 앞이 안 보이는
이 세상의 현실에서
참 생명을 걸어 놓고
널뛰기하고 있네
내가 지은 과는
스스로 다 받지 하면서

내 안 본성은 안타까움에
잘난 재주도 업장이라 하시네.

물을 끓이다 문득

냄비에 물을 끓이다 문득 떠오른 생각
양은냄비
옛 시절, 얼마나 귀했으면 알루미늄을
서양에서 온 은이라고
양은이라고 했을까!

빨리 끓고 금방 식어
누구는 국민성으로 비유하기도 했고
누구는 사람의 쉽게 변하는 마음을
양은냄비 같다고 했네

사람의 마음은 산 삶의 기억이 의식, 무의식적으로
매 순간 표출되기에 그러는 것이네
나 없어 내 안에 양심인 참 의식이 움직이면
사심이 없기에
무쇠솥 같은 마음이 되는데.

스트레스 제로를 만들다

근심 걱정 생길 때마다
마음을 굳게 다잡고 앉아
자존심 세우고 있는 나라는 이 마음
불태워 버리고
몸 안에서 주인 노릇 하고 있는
영혼마저 잡아내어 불태워 버리니
나 없어 홀로 충만하여라

인연 따라온 몸 있어 그냥 사나
마음은 세상 너머에
에헤라디야

누대에 걸친 자존심의 뿌리에서 돋은
수많은 가지와 잎이 번뇌이니
떠오르는 삶의 기억마저 지워 버리고
그때 그때마다
내 안의 양심인 임과 주파수 맞추니
걸림도 없이
매임도 없이

대유하여라

얼씨구나 절씨구 지화자 좋을씨구

이 가을에 임 뜻에 맞춰 볼 일

임과 하나 되어 볼 일

감사함에 넙죽 엎드려 볼 일.

이와 같이 나는 보고 들었네

요즈음 낙죽장 계심헌인의 책상엔
성경과 금강경이 있어 틈틈이 펼쳐 보네

구구절절이 진리의 말씀
새록새록 읽는 재미가 있네
10대에 들은 성경 말씀
20대, 30대, 40대에 들은 불경 말씀
그러나 참으로 내 것 된 것이 없었네
욕심으로 한 공부였기에
의식 수준만큼만 보이고 들렸고
내 것이 아니었기에 바른 행이 나오지 않았네

그래도 조상의 선업 있었던지
반백반백半百半白이 돼서야
빛 줄과 인연 지어져 줄탁동시啐啄同時의 닦음 있었네

오늘도 참 스승님은
"너만 빼면 그대로 우주요 전체 자체"라고
미소 지으시며 일러 주시네

"물방울이 바다에 뛰어들면 물방울은 없어지고
바다가 된다."라고 일러 주시네.

기찬 꿈 이뤄졌네

경기도 광주 평범한 농가의 차남으로 태어난 낙죽장은
대학 공부도 물려받은 재산도 없었네

10대의 바람은 학교 선생이 되고 싶었고
20대의 바람은 내 가게 하나 가지고 장사하는 것이었네
30대의 바람은 인간문화재가 되는 것이었고
40대의 바람은 좋은 작품을 만들어 보는 것이었네
50대엔 후세에 남길 작품과 건강함을 추구했고
60대엔 임 품에 들길 희망하네

마음의 평화는 이루어져 있고
 기찬 꿈 낙죽장으로 500% 달성되었기에 더 바랄 게 없으나
 성공했다는 자만심의 '나'가 있어
 그 나를 불태워 무한대 허공에 날려 버리고
 거듭난 아기는 생로병사에서 벗어난 몸으로
 임 품에 안기려 하네

 세상 너머 세상은 하나로 어머님 품인 나라

의식의 몸으로 영원 영원 영원히 행복한 나라

머리로는 되었으나 가슴으로 내려오지 않았기에
행이 부족함을 참회하며
오늘도 계심헌인은 그냥 감사한 마음으로
무등산을 향하여 절을 올리네
일 배, 이 배, 삼 배, 사 배, 팔 배, 그리고 마냥
어느덧 절을 하는 '나'가 없어지고 허공이 굴신하고 있네

무아의 세계 라라 라라 라라라라라
임 품 안에서 흥겨워 라라 라라라 라.

마음의 평화가 이뤄졌다는 것은

마음의 평화가 이뤄졌다는 것은
일체가 내 탓이 되었다는 것이네

일체란 전부라는 것이고
의식과 무의식을 포함하는 것이네
의식은 내 산 삶 기억의 전부이고
무의식은 내 조상 대대로 마음의 뿌리이네
마음의 평화는 쉽게 얻어지는 것이 아니라
의식 무의식 속에 이 몸이 나라고 존재하는
그 나를 포기해야 얻어지는 것이네

나는 누구인가?
깨우치지 못한 결정체이네
오직 나만을 위해 살아온
욕심의 결정체

마음의 평화는 너와 나가 일체라는
진리가 체험으로 각인되어야 하고
오로지 상대를 위하여 마음을 쓸 때

욕심은 없어지고 범사에 감사하는
참마음이 드러나니
그로서 평화됨이네.

임 품 안에서 흥겨워라

손, 발, 귀, 혀, 눈은 몸 중에서
이름을 붙였을 때는 따로따로인 것 같으나
한 몸이네

그중에 눈은 간의 거울처럼 밀접하면서도
홍채는 오장을 대표하며
과거와 현재를 나타내 주네

보는 것은 누구나 볼 수 있으나
해석은 각자의 공부 수준대로 하고 있네

눈은 육적으로는 간과 같이 보나
영적으로는 마음을 대변하기에
눈동자가 맑으면 영혼이 맑은 것처럼
아름다워 보인다네

참으로 영혼이 맑은 사람은
오직 양심대로 사는 사람이니
살아서 하나(천국, 극락)된 삶을 살기에

이 몸이 '나'라는 생각에서 벗어나
저절로 스스로 임 품 안에서 흥겨워하네.

낙죽장의 텅 빈 충만

어젯밤 죽었다가
아침에 깨어나니 감사하여라
눈 떠보니 하늘나라 감사하여라
너른 앞뜰 뒤편 호수
자연 그대로이나
꿈 깬 아이
의식 속엔 나 아닌 나가
임 품에 안겨
진공 묘유를 노래하네.

제3부

낙죽작품_ 낙죽차칙 禅

낙죽장 계심헌인의 흥타령 · 1

빛고을에서 작품 외에
마음공부로 제일 많이 한 것은
"잘못했습니다"하는 뼈저린 뉘우침이었고
이렇듯 바름으로 이끌어 주신
"임 뜻을 따르겠습니다"이네

몸에 지은 선업은 윗입으론 기름지지 않게 먹고
아랫입을 10년 닦은 것이네
안팎이 하나로
속 닦으니 겉이 빛나네

마음 닦으니 산 영혼이 감사해 하고
몸 닦으니 허공의 몸이 맑아지네
에헤라디야
영원히 아름다운 참 세상 기쁨을
이 가슴 벅찬 마음을 누구와 나눌까!
얼씨구나 절씨구 지이 화자 좋을 씨고!

낙죽장 계심헌인의 흥타령·2

우주 안 지구별에
삼위일체로 이 모양 나툰지
육십 하고도 구 년이 되었네.

몸 받아 스스로 선택한 일은
대나무에 무늬를 넣는 일이라
하고 또 해도 싫증 안 나
천직이라 여기네.

개체 맘일 때는 금죽헌이라 하고
전체 맘일 때는 계심헌이라 했네.

마음밭에 씨 뿌림은
잘못했습니다
감사합니다를 지나서
사랑합니다 하고 있으나
목표는 하나 됨이네.

이 만큼은 참 스승님 덕분입니다.

철든 아인 홀로 걸어가네.
스스로 저절로 그냥 가네.
흥타령하면서
밭에서 맺은 과일 들고 저잣거리로 가네.

낙죽장 계심헌인의 흥타령·3

빛고을에서 작품 외에
마음공부로 제일 많이 한 것은
'잘못했습니다'하는 뼈저린 뉘우침이고
이렇듯 바름으로 이끌어 주신
'참 스승님 뜻을 따르겠습니다'이네.

몸에 지은 업은 위 입으로 기름지지 않게 먹고
아래 입을 10년 닦은 것이네.
안팎이 하나로
속 닦으니 겉이 빛나네

마음 닦으니 산 영혼이 감사해하고
몸 닦으니 허공의 빛이 맑아지네
에헤라 디야
참 아름다운 세상 이 도리를
이 가슴 벅찬 마음을 누구와 나눌까!

백척간두에서 진일보하니

백척간두에서 진일보하니 임 품어 주셨네
본성을 일깨워 줄탁동시로 이끌어 주시고
이 몸 있어 생긴 번뇌와 윤회에서 벗어나
본래 고향 언덕에 이르게 하시네

철든 아인 흥겨워 에헤야디야
세상사 부질없네
그러나 한 준비된 영혼을 깨우기 위해
오늘 길을 나서네
세상 속으로
오직 감사한 마음을 간직하고.

몸

지구별 축소판이 사람이라네
오대양 육대주가 오장육부인데
중요한 것은 물을 잘 다스려야 하는 것이네

마음으로는 물욕을 잘 다스려야 하고
몸으로는 물을 잘 단속해야 하는 것이네

그 물이 몸을 끌고 다니기에
물 잘 다스리는 것이 인격이네

지구별의 뭇 생명체 중에 사람만이 의식이 있어
만물의 영장이라 하네
영장이라 함은 몸에 영혼이 깃들어 있다는 것이네

만물의 영장이라 자존심을 드러내는
그 물그릇을 깨뜨려 버리고 해방된 이를
누구는 해탈자라 이르네
누구는 하나된 자라 이르네
누구는 임 품에 든 자라 이르네.

더 높은 곳을 향하여

더 높은 곳이 어딘지도 모르면서
철부지는 더 높은 곳을 향하여
쉼 없이 그렇게 그렇게 살아왔네

오로지 한 생각으로 지난 30년 세월을
 조상의 선업 있었던지 몸의 바람은
생각의 한계까지 이뤄졌네
그리고 한때
모든 물질의 풍요가 한순간에
그 삶 욕심의 끝에서 바닥을 치고
내 의지와 상관없이 포기되었네

죽음을 인정하고서야
비로소 보이네 저 너머 고향이
버린 만큼 채워진 거듭난 삶
이제는 그냥 감사해요 마냥 행복해요
더 없는 임의 사랑이 내 안에서 느껴지네요
표현은 순수한 마음이요
기쁨을 나누고자 함은 하나된 사랑입니다.

화두라는 감옥에서 '나'를 꺼내다
- 거슬러 거슬러 옛이야기

송광사 대웅전에서 스님의 주례로 결혼식을 올린 낙죽장
삼일암에 주석하시던 구산 스님께 삼배 인사를 올렸네
자애스러운 표정으로 차를 내주시고는
한 말씀
"무엇이 착한 것인지 일러 보소?"
한참 궁리하던 낙죽장은
"남에게 폐 안 끼치고 사는 것이 착한 겁니다"라고
궁색하게 대답했네
언하에 "그럼 소 돼지도 착한 것이냐?" 하시고는
"들어 보소! 소는 주인을 위해 살아서는 멍에를 메고
죽을 때까지 일해 주고
죽어서는 뼈는 뼈대로 살을 살대로 내어 주는데
그럼 소도 착한 것인가?"

10여 년이 지난 어느 날
아침에 느티나무 아래서 세수를 하는데 빙그레 미소가 번졌네

"부처님의 가르침대로 사는 것이 착한 것입니다"라고
그때 대답했더라면 답이 됐을까!

어느 때 강사 스님이 내려오셨기에 그렇게 말씀드렸더니
"50점은 됩니다."
그래도 석연치 않은 낙죽장은 다른 강사님이 내려오셨을 때
또 그렇게 말씀드렸더니
"입구에도 못 갔습니다."

머리로만 답을 얻으려 하던 그 세월 양 10년
계심헌에서 한마음 돌려 보니
먼저 스님은 격려 차원이었고
나중 스님은 바로 대답해 준 것이었네
그 세계에 절반이 어디 있는가!

"백척간두에서 진일보하라"
진일보 하니

물방울이 바다에 뛰어들어 바다 되었네
에헤라디야.

돌사자石獅子 구산九山 큰스님

"무엇이 착한 것이냐 일러 보아라"

끙끙거리던 부지하세월의 하근기 그 철부지
금죽헌金竹軒에서는 무정無情으로
대답한 바 있으나
계심헌癸心軒에서는
유정有情으로 대꾸하렵니다
꿈속에서라도 나투셔서
서릿발 같은 사자후獅子吼로
천근天斤을 달아 보소서

꿈 깬 아인 흥겨움에 미소 지으며 강을 건넜네.

마음의 평화가 이뤄졌다는 것은

마음의 평화가 이뤄졌다는 것은
모두가 내 탓이 되었다는 것이네
모두는 의식과 무의식을 포함하는 것으로
의식은 내 산 삶 기억의 전부이고
무의식은 내 조상 대대로의 마음의 뿌리이네

마음의 평화는 쉽게 얻어지는 것이 아니라
의식 무의식 속에 이 몸이 나라고 존재하는
그 나를 포기해야 얻어지는 것이네

나는 누구인가?
깨우치지 못한 망념 덩어리
오직 나만을 위해 살아온
욕심의 결정체

마음의 평화는 너와 나가 하나라는
진리가 체험으로 각인되어야 하는 것이고
오로지 상대를 위하여 마음을 쓸 때
욕심은 없어지고 범사에 감사하는

참 마음이 드러나 평화는 시작되네
완전함에 이르도록 진 참회로 욕심을 벗어 내고
참을 굳건히 세워야 하니
참 나가 주인이 되어 있을 때 비로소
마음의 평화는 이뤄진 것이네.

차와 나 하나 됐네

무심히 지나치던
보성의 한 변두리 명소
30년을 지나쳤어도 관심 없었네

한때 인연 되어
이 고장에 정착한 지 5년 여
차의 고장
소리의 고장에
나의 존재는 없네

오늘도 차 한잔 음미하며
그냥 사는 거야
구성진 한 대목을 들으며
그냥 사는 거야
차 한잔의 맛과 향에 취해
나 없는 즐거움에 취해
문득 한 생각

차와 나 하나 됐네

차는 물방울
마신 나는 바다
바다라고 생각하는
그 나마저 없어진
바다.

바다

바다는 임의 품
하늘과 바다 둘로 보이나
분별 짓는 나만 빼면
통으로 하나이네

오늘도 마음밭은 시원한데
이 즐거움 더불어 나눌 이 없네

그래 있는 듯 없는 듯
그냥 사는 거야

문득 떠오른 아련한 추억도
이 몸 있어 마음에 새겨진 사연
너른 뜰 앞에 무성한 잡초
큰 모자 눌러 쓰고
추억 뽑으러 가네
바다 만들러 가네.

한 분이었네

전생에 고대하던 임을 만났네 오!
금생에 그리던 임을 만났네 아!
가장 가까운 곳에서
품 벌려 기다리신 임.

새 옷 입고

대나무는 꽃이 피면
수명을 다한 것이나
낙죽장을 만나
새 옷 갈아입고
흥타령하네

얼씨구나
절씨구
얼쑤
얼
정신
지화자
임 만났네.

百尺竿頭 進一步

"백척간두에서 진일보하라"

진일보하니 임 받아 주셨네
에헤라디여~
개체의 나 없어지니
거듭난 삶은 세상 너머로

세상 너머 세상은 본래 그 고향
만상이 의식으로 생멸하는 곳

궁금함 없어
그냥 보고 그냥 듣고 행만 하는 삶
라 라라 라라라라
임 품 안
양수의 바다에서 흥겨움에
라라라.

반야심경을 먹다

반야심경을 꿀꺽 삼키니
오온이 공해지고
색불이공 공불이색 하니
눈에 보이는 모든 것 허공이네

그리 알고자 끙끙대던 29년 절 언저리 삶
눈엔 철벽이 가려지고
귀엔 두꺼운 딱지가 앉아
보이지도 들리지도 않았었네

하근기 그 인연 끝자리에서
불 철퇴를 맞아
눈에 보이는 모든 것을 잃고
일곱 마디로 묶여 관 속에 넣어졌네
염라대왕의 업경대 앞에서
철부지 지난 50해의 삶을 되돌아보고
몸으로 진 죄
마음으로 진 죄
피가 끓도록 참회하였네

그리고 깨어나 우물 밖 푸른 하늘을 보았네
구름 한 점 없는
여기가 나 온 고향이고 갈 곳도 여기네
임 품 따뜻하여라
큰맘(반야신경) 먹고 똥 싸는 소리
아!

대원사 벚꽃 시오릿길

시오릿길
굽이굽이 계곡 따라
벚꽃 봉오리 피어나네

천봉산 명당에 천년고찰 대원사
산은 산대로 아름답고
물은 물대로 맑게 흐르건만
근래에 와 방문객이 크게 줄고 있네

골짝마다 욕심으로 깃든 이들
허브 찻집 떠나고
닭볶음탕집도 떠나고
한 둘 셋 떠나고
휑하게 집터만 남았네

이젠 그릇 만들던 기찬이마저 떠나니
근처엔 대나무 만지는 기찬이만 남았네
아 참 백민 조 영감님 우뚝하시지

시오릿길 벚꽃 피든 말든 지든 말든
그 영감님 홀로 꿋꿋하여라
굽이굽이 벚꽃 핀 시오릿길 끝 대원사
거기 한 소식 전해 줄 스님 오시면 일러 주소
내 찾아가 삼배 올리고 귀를 씻게.

어젯밤 꿈에

반야심경을 수저로 떠먹고
신심명, 법성게를 반찬으로
맛있게 먹는데
금강경은 줄기가 길고 뼈셔
억지로 먹다가
배가 사르르 아파져 오네

급히 천봉산 정상에 올라
엉덩이 까고 설사를 하니
쓰나미처럼 대원사를 덮고
벚꽃 시오릿길 계곡 타고
물밀 듯이 내려오네

시오리 벚꽃길
거름을 주고도 남아
주암호로 유입되니
아이고 140만 광주 시민
이 소식을 알까

삼일암 구산 스님 뵙고
사 배 올리고 햇차를 대접하니
돌사자 "착하고 착하다." 하시고
미소를 지으시며
"아침에 천봉산으로 뜬 해
저녁에 모후산에 걸리도다."

꿈에서 깨니
에헤라디야~
올해 시오리 벚꽃은
더 활짝 피었네
진리를 머금고.

낙죽 2층 탁자

어느 때 불일암에 올라갔네
법정 스님을 뵙고
다음 작품은 이것을 하고 싶습니다
하고 도록을 보여 드리니
말없이 편지 한 장을 써 주셨네

낙죽장은 이화여대 박물관 사무실에
지금은 문화재청장님이 되신
나선화 선생님께 편지를 보이니
수장고에서 내어와
햇볕만 비치지 않도록 하고 사진과 실측을
할 수 있도록 배려해 주셨네

그해는 2층 탁자 재현하는 데 보냈네
낙죽장의 작품 중에서 가장 노작이 되었고
금죽헌의 보물 1호가 되어 있었네

그러나 미안하다
아비의 무지가 너를 지켜 주지 못했다

하지만 마음속에 영원히 간직되었다
집착이 끊어진 아련함으로.

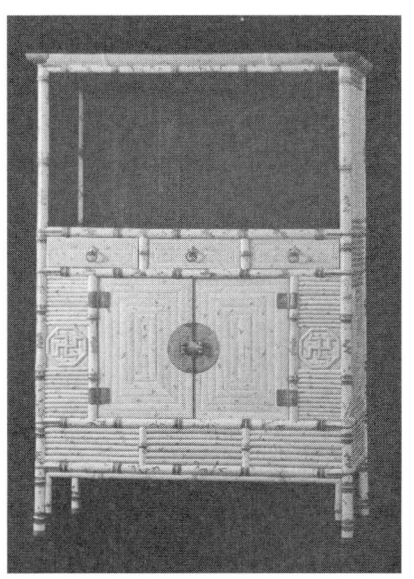

차 한잔의 명상 참회

반듯이 앉아 따뜻한 차 한잔 양손에 감싸 쥐고
한 모금 입에 머금고 참회 명상에 몰입해 보네
기억나는 어릴 때부터 현재까지
빠른 속도로 돌려 보네

돈, 사랑, 명예를 좇아 물불 안 가리고
욕심에 끌려 부나비처럼 살아온 지난날
몸과 마음으로 지은 죄는 백두산보다 더 크네
빠른 속도로 영상이 지나가나 뚜렷이 보이네
사람이 생각할 수 있는 모든 죄를 지은 나
죽어 마땅하네

이때 청천벽력 같은 외침
"마셔라."
꿀꺽 삼키니 향긋한 차는 염산수로 바뀌어
식도를 타고 내려가네
위장이 녹고 십이지장 소장 대장이 녹고
이윽고 온몸이 녹아 물이 되어 증발하니
허공만 남았네

그걸 지켜보는 또 다른 나
남은 한 모금을 넘기니
묘한 향기 아직도 남았네

이제 눈앞에 보이는 상대와 하나 됐네
상대는 나의 거울이기에
상대의 허물을 보면
"잘못했습니다. 보여 주셔서 감사합니다"
참회할 때마다 업장이 녹아내리니 열 받을 일 없네

 북쪽 창문 밖 내다보니 수달 한 쌍이 바위 무더기에서 어지러이 뛰놀고
 봇타가는 주암호수에 백로 한 마리 물가를 응시하네.

계심헌인의 단상

몸 공부 10년 세월 낙죽장 계심헌인은
병 난 몸 잘 치료하는 것보다
치료할 몸이 없게 하는 것이네

맑고 맑아 순환이 잘 이뤄진 몸은
자연스럽게 살다가 흔적을 남기고
자연으로 돌아가는 것이네

삶에는 당연히 희로애락 있으나
그것에 매이지 않아야 참 잘사는 것이네

예! 하면 상생으로 흐름이요
아니오! 하면 상극으로 막힘이니
예 할 때 내 이기심은 사라지고
아니오 할 때 바로 욕심이 올라오는 것이네

끝맺음에 '이라' 하지 않고
'이네' 하는 것은 낙죽장 아무개가 아니라
변화된 낙죽장 계심헌인의 겸손이라네.

늘 지금이 가장 좋아라·1
- 새 옷 입고 부르는 노래

광주廣州 남한산성 남문 앞
산줄기 굽이굽이 끝자락 복정福井마을에
기찬 애 태어났네.

어린 시절부터 찰흙으로 별의별 것 다 만들고
밀집 수수깡으로 본 대로다
겨울이면 팽이며 썰매도….

대학 공부도 물려받을 재산도 없던 낙죽장은
그림을 좋아하여
그림은 남도라는 풍문 듣고 내려왔네.

좋은 인연 만나 금죽헌에서 서예와 사군자로 시작해서
낙죽으로 20년 세월
국가 무형문화재 제31호 낙죽장으로 열매 맺었네.

태국, 미국, 중국, 독일, 프랑스 등
불러 주는 곳 다 가서 낙죽 작품을 선 뵈고
세속의 부와 명예 9부 능선에서

눈에 보이는 것 모두 소지 공양 올렸네.
산 넘고 물 건너 계심헌에 정착해서
새 옷 입고 부르는 노래 다섯 번 열고
이제 기찬 삼씨(글씨, 솜씨, 맘씨) 새 물꼬를 텄으니
스스로 흥에 겨워
늘 지금이 가장 좋아라.

분별없던 40대에 잃었던 건강
이제야 되찾고 건강한 몸 확신 얻었으니
늘 지금이 가장 좋아라.

금죽헌 29년 마음 씀이 계심헌 한나절이니
얼씨구~ 늘 지금이 가장 좋아라.

한국에서 가장 공기 맑은 보성 문덕
그중에 운곡雲谷 천옥지지天玉之地 대운마을에
안집 짓고 텃밭 가꾸니
늘 지금이 가장 좋아라.

낙죽장 계심헌인의 마음이 세모에서 네모
동그라미로 성장하며 무한대 무한대 무한대로
의식의 빛을 키우고 고향길 닦고 있으매
참으로 늘 지금이 가장 좋아라.

늘 지금이 가장 좋아라 · 2

백척간두百尺竿頭에서 진일보進一步하니
임 품 안에 들었네
에헤라디여~

기찬 애 60에서 0을 빼니
하늘 애 6살 되었네.

옛 모든 성현의 마음과
이 몸이 나라고 하는 철부지를 한데 묶어
둥그런 강철망 보자기에 꽁꽁 싸서 주암호수에 가라앉
히니
시방十方에 허공만 남았네.

천지간에 걸림 없으니
늘 지금이 가장 좋아라.

문득 하늘나라

문득 한 생각 일으켜
하늘나라 만드니
지금 차 마시는 이곳이 하늘나라
생각 없이 쉬는 곳
나 온 곳, 갈 곳도 그곳
안개 걷히니 궁금함 없어졌네

'잘못했습니다' 하고 한 계단 올라가고
'감사합니다' 하고 또 한 계단
'사랑합니다' 하고 또 한 계단
'하나입니다' 하고 또 한 계단 오르니
오른 만큼 가까워졌네

지난날보다 오늘이 좋았기에
늘 지금이 가장 좋아라.

음의 시대라

'여성시대'라더니 실감 나네.

대통령님 쏠로 여성이고
문화재청장님도 쏠로 여성이고
문덕면장님도 여성이고
그 무엇보다도 철부지 시커먼 낙죽장
철들게 해 주신 임 여성이네

뼈대 있는 시골 동네
높디높은 가죽나무 위에 둥지 튼
늙은 쏠로 까치 있어 수시로 짖어 대나
마을 어른들 날아다니는 저 까치
어찌할 수 없네

하루는 그 까치와 대화를 해 봤네
"왜 이제 눈 마주쳐, 자주 놀러 와"

허연 머리 상투 튼 낙죽장에게 반말하는

마늘애와 늙은 까치
마늘애는 싫어도 해로하는 내 사랑이지만
늙은 쏠로 까친 또 찾아가 볼 일 없네
그 까치 또 다른 내 모습이라 해도
나와 둘 아니라고 해도….

스스로 돌아보며

엄마의 몸에서 태어나 탯줄이 끊어진 순간
개체의 나 되었네
백회가 말랑말랑할 때는
의식이 하늘로 연결되어 있었으나
딱딱히 굳어진 즈음부터
나의 욕심이 시작됐네

성장하면서
이 줄에 서 보고
저 줄에도 서 보고
동쪽 빛 보고 서쪽 빛도 보고
문화재 줄에서는 열정으로 30년 세월
질긴 줄 잡고
오늘에 이르렀네

세상 인연 한 갑자를 보내며
감출 길 없는 백발이 되어
머리에 안테나를 꽂고

세상 너머를 보고 있네

나는 스스로 자랑을 하지
맑아진 몸과 밝아진 마음을
하는 일에 자부심도 크지
낙죽만큼은 자타가 공인하는
최고다 하는
국가무형문화재가 유형문화재를 만들고 있기에

오늘도 낙죽장 계심헌인은
드러난 자신에게 묻고 행하네
지금 나의 행이 옳은가 그른가를
이 가을에.

하나 됐기에

세상에서 행복하게 사는 것은 틀 깬 삶이네
오로지 '나'라는 틀 깨면
임, 하나, 빛, 그게 다 한 소리로
참된 이는 빙긋 미소 지을 뿐 할 말 없네

둘이 하나 되는 것
그것 순리라네

하나 속에 만상 있기에
만상이 이렇게 나로 와서
할 말 있네 사랑한다고
사랑은 이젠 말로 표현해야 하네
하나 됐기에.

이 세상이 아름다운 이유

이 세상이 아름다운 이유는
기찬 눈으로 보기 때문이네

구름 걷히니 비로소 맑은 마음
산은 높이 보이는 산으로 아름답고
바다는 낮은 곳에 있기에 더욱 아름답네

상대는 나를 어떻게 볼까?
각자의 마음 크기대로 볼 것이네
그러면 나는 상대를 어떻게 보나?
그냥 보이는 대로 유정有情으로 보네
하나로…

상대가 불편하게 하면
내 탓이오 내 탓이오 내 탓이오 하기에.

꿈속에서

천사 둘이 계심헌을 찾아왔네
한 이는 덩치가 큰 강단 있는 모습이었고
또 한 이는 얄상한 체형에 늘 웃는 모습이었네

하늘 가자고 그곳은 지금 따뜻한 곳이라고
모두가 행복이 영원한 곳이라고…

낙죽장은 5월에 펼칠 전시회 준비하느라고 밤낮으로 바쁘니
끝나고 보자고 일단 미뤘네

두 천사는 무척 아쉬운 표정으로
"저 이가 많이 덮였네, 참 맑았었는데"

낙죽장이 안녕히 가시라고 배웅을 하자
선물이라고 하늘 가는 신청서를 주고 떠나네

가기는 가겠는데 지금은 아니라고
천사 보내신 하느님이 오셔도 할 일 많은 낙죽장은

잘못해도 내 탓이요
하늘 못 가도 내 탓이요
알면서도 못 가니 내 탓이요

그러나 마음은 언제나 하늘에 있네.

하늘문 손잡이·2

시작도 끝도 없고
위아래도 없고
없지만 꼭 있는 문
그 문의 낙죽 손잡이.

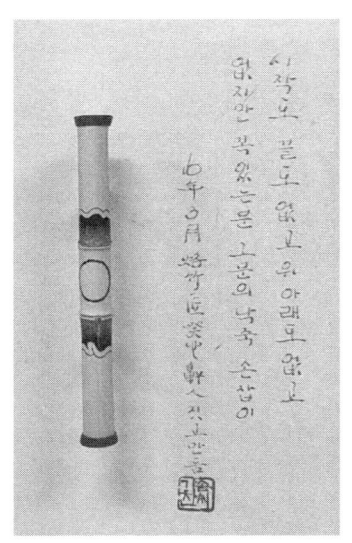

나의 가장 큰 원수는 나

이 한 몸에 양심과 욕심이 같이 존재하네
양심은 하나인데 욕심은 수만 가지
대개의 사람은 욕심이 몸을 운전하기에
스트레스가 많네

낙죽장은 욕심의 정체를 알기에
올라오면 바로 놓아라 버려라 죽여라 하네

오늘도 환경에 부딪혀
스멀스멀 올라오는 놈이 보이면
여지없이 밟고 비벼 버리네
에헤야디야
임 만나 보겠네

호숫가 찻집 앞 생강나무
노랑꽃 지니 올라오는 푸른 잎
솜털 보송보송한 병아리 같아.

O의 본질
- 작품 문양에 대하여

O은 무정無情의 세계에서는 없다는 것이나
유정有情의 세계에서는 있는 것이네.

없다는 전체 또는 허공을 표현하고
없다 속 있다는 개체이나
전체의 분신으로 나온 개체라네.

O은 시작도 끝도 없는 무한대로
영원을 그리네.

낙죽장 계심헌인의 근래 작품은
그 O이 작품의 씨앗으로 싹이 터
줄기가 되고 잎이 되고 꽃을 피우네.

'一微塵中含十方' 얼씨구.

제4부

낙죽작품_ 늘 지금이 가장 좋아라

無·2

허공
하늘
우주
무한대
그게 다 그 소리

분별 짓는 나만 빼면
그대로 그 자체라네

無門에 들은 이는 생각이 없어
마음 가는 대로 행을 해도 걸림이 없네

해도 한 바 없기에 삶이 빛나라
오직 생명에 대한 감사함과 나눔뿐이네

에헤라디여~

낙죽장이 깨친 것은

낙죽장이 깨친 것은
송광사 울 안에서 29년을 살면서
부처님을 위한 삶이
눈곱만큼도 없었다는 것이네

이른 새벽 법당에 올라가
108배를 5년간이나 올리고
행자님들과 설거지를 5년이나 했지만
모두가 나를 위해서 한 것이지
부처님을 위한 마음 티끌만큼도 없었네

한때 눈에 보이는 모든 물질
소지 공양 올리고
산 넘고 물 건너 계심헌에 정착한 지 8년여
그동안 잘못했습니다 하는 참회를
소리쳐 한 것이
수만 번이던가 수십만 번이던가
마음속으로 읊조리길
수만 번인가 수십만 번이던가

여시아문견如是我聞見
일곱 마디로 묶이고
목관에 들어가니
못이 박히고 흙이 덮이고
염 왕 앞에서
파노라마처럼 펼쳐지는
나의 일생을 보았네
몸서리쳐지는 죄 많은 삶을

몸으로 지은 죄
마음으로 지은 죄 참회합니다
진참회가 없으면 저는 내생에 흰 개로
태어날 것을 알았습니다
잘못했습니다
잘못했습니다 잘못했습니다
하늘이시여.

돌사자 구산 큰스님 회상

임의 자애로운 모습 그립습니다
세상 옷 벗으시던 때
유난히도 추운 겨울이었습니다
낙죽장은 다비장에서
임의 육성을 녹음으로 들었습니다

"이 몸은 언젠가는 한 줌 재가 아니리
묻노라 주인공아 어느 것이 참 나련고?"

깨치기가 세수하다 코 만지기보다
쉽다고 하신 말씀
그러나 낙죽장은 20년이 넘도록
코도 못 만지는 세수를 하고 있었습니다

이제 묵은 때 벗고 새 옷 입었으니
꿈에라도 나투시어 천근을 달아 보소서

가파른 능선 아래 두 구멍이 있는데

한 구멍은 위를 향해 좁고
한 구멍은 아래를 향해 넓더이다
꿈 깬 아이 흥겨움에 콧노래 부르며
나룻배 없이 강을 건너네.

낙죽황칠차칙烙竹黃漆茶則
- 낙죽차칙

글씨는 그림같이
그림은 글씨같이
인생은 허공같이

작은 문양에
우주를 담고
무형의 손길은
유형문화재로 만들어져
허공의 오늘 삶을
낙죽차칙으로 증거하네.

임을 만났네

전생에 고대하던 임을 보았네! 오
금생에 기다리던 임을 만났네! 아

철부지 가장 가까운 곳에서
이제나저제나 품 벌려 기다리신 임

너만 놓으면 나와 하나라 외치신 임
항상 너른 품으로 기다리신 임

나 없어 저절로 하나 되는 것이네

나는 새벽을 알리는 장닭
날이 밝아짐을 알려주지만
깨어 일어나거나 그대로 누워 있으나
그것은 내 문제가 아니네

나는 용한 의사처럼
건강의 기본인 장을 들여다보고
안팎이 하나라 알려주지만
알아듣고 못 알아듣고는
내 문제가 아니네

나는 진실된 종교인같이
저 너머 세상 체험을
이야기해 주지만
귀를 기울이든 외면하든
그것은 내 문제가 아니네

오로지 나도 이롭고 너도 이로운 것은
나를 내려놓고 하나 되는 것

나 없어 드러난 참 나는
영원히 하나 되었다는 생각도 없이
대유할 것이네.

화색이 도는 얼굴

소장은 풀로 닦고
대장은 물로 닦아
윗입에서부터
아랫입까지 맑아지니
온몸이 개운하네

눈을 지그시 감고
몸 어디가 불편한가
스스로 물으니
없음 하고 답이 나오네

큰 것은 황금빛이요
작은 것은 물빛으로
"중앙을 때려서 변죽을" 울리니
그 소리 맑고
마음의 독기는 '잘못했습니다'로
내 안의 참이 인정할 때까지
닦아내니
몸의 평화가 이뤄졌네

느리게 먹고
적게 먹는 것만 실천하면
천수를 누리겠는데…
낙죽장, 내일 지구가 멈추더라도
오늘 하루를 최선을 다해 살게나
열심히 그냥.

새벽에 일어나 앉아서

낙죽장은 꿈꾸는 것이 싫네
'나'가 깨어 있지 않을 때는
그 꿈도 망념이기에
좋은 꿈 꿀 지라도 피곤할 뿐이네

오늘도 작품 하다
지친 몸을 재우며
나는 다짐하지
"늘 깨어 있으라"
이불 속에서 자문자답하네

오늘 하루 양심과 하나 되어 살았는가?
일 초도 되지 않아 나온 답
아니.

비우는 몸사랑 꼬리물기 · 1

속을 깨끗이 비우면 겉이
맑아지고 밝아진다네

참으로 비워지면
맑아지고 밝아짐은 당연한 진리라네

진리란 무엇인가?
영원히 변치 않는 그 무엇

영원히 변치 않는 것 무엇인가?
허공이라는 하늘
하늘이라는 우주

참으로 비워지면
우주와 내가 하나 된다네

그 하나는 깨어 드러난 참 나라네
내 안 참 나의 사랑만이
나의 몸과 마음을 편안케 할 것이네.

비우는 몸 사랑 꼬리물기 · 2

비우면 맑아지고 밝아진다네
속을 맑히면 겉이 밝아지고
겉이 밝아지면
우주가 빛이 나네

참으로 비워지면
오롯이 떠오르는 것 진리라네
진리란 무엇인가?
영원히 변치 않는 것이네
영원히 변치 않는 것 무엇인가?
허공이라는 하늘
하늘이라는 우주

참으로 비우면
우주와 내가 하나 되니
그 하나는 깨어난 참나라네
참나의 사랑만이 진리 안에서
영원히 편안케 할 것이네

속을 깨끗이 비우면 겉이
맑아지고 밝아진다네

참으로 비워지면
맑아지고 밝아짐은 당연한 진리라네

진리란 무엇인가?
영원히 변치 않는 그 무엇

영원히 변치 않는 것 무엇인가?
허공이라는 하늘
하늘이라는 우주

참으로 비워지면
우주와 내가 하나 된다네

그 하나는 깨어 드러난 참나라네
참나의 사랑만이
몸과 마음을 편안케 할 것이네.

일요일 밤의 단상
- K팝을 들으며

어린 아이들도 저렇듯 경연을 벌이는데
낙죽장은 오늘 하루 최선을 다했는가?
반성하며 보고 있네

재능을 타고났음에도
저렇게 열심히 노력하며 변화하고 있는데
낙죽장은 재능을 타고났는가?

운이 좋아 좋은 인연을 많이 만나고
외길을 오래 걸어온 결과이지 않은가?
낙죽장! 만인이 열광하게 할 수 있는
작품을 발표할 수는 없는가?
양심이 인정할 만한 작품을 만들어 보라
'나' 가 인정할 만한 그 무엇
하늘이 준 달란트에 충실해 보라
매일 몸과 흥정하지 말고.

이 뭐꼬?

나 오기 전에도 있었고
가고 난 다음에도 영원히 존재할
신령스런 모양
시작도 없고 끝도 없고
없지만 가장 큰 한 모양으로
진리를 담고 있네

이것 깨뜨리는 이는
환희심에 눈물이 장판을 적실 것이고
9대 조상이 복 받을 것이네.

봇재에서 차를 마시며

봇재 기슭 굽이굽이 차의 물결
눈 아래 별유천지別有天地는
옛 얘기 속 도화선경桃花仙境 못지않네.

해풍에 일찍 눈뜬 곡우차를
눈과 혀로 음미하니
물질세계와 정신세계를 넘나드네.

문득 한 생각에
안테나를 백회에 꽂고
하늘 기운 받으니, 아!
가장 좋은 지금.

깨달아 아는 것

일체가 끊어진 자리에서 나를 보는 것
나를 확연히 보고 나면 치를 떨게 되니
욕심은 스스로 포기되네

이치가 보이기에 모두가 하나임 알고
큰 접시가 되어 상대를 그냥 받쳐주네

진리는 영원히 변치 않는 것
통으로 하나임이 체득되니
궁금함 없어졌네

비 온 뒤 물안개 걷히고
햇빛 비추니
제비 무리가 어지러이 나르네.

이 몸으로 가 본 길

나는 청와대 가는 길을 잘 안다네
이 몸으로 가 봤기에
남산터널 지나 충무로 지나서 을지로 지나서
청계로 종로 경복궁 지나서 조금 더 올라가면
청와대 정문이 나오지

나는 저승길도 잘 안다네
이 몸으로 가 봤기에
염라대왕 앞의 업경대
그 거울 앞에서 파노라마처럼 펼쳐지는
철부지 지난 50년을 돌이켜 보고
목에 피 나도록 잘못했습니다라고 외쳤다네
몸으로 진 죄
마음으로 진 죄
목에 피가 나도록 참회하였다네

한 해 두 해 세 해
지금도 가끔 염라대왕이
말없이 조롱하는 것 같지

"어디 살아서 죄 함 져 봐"
청와대 가는 길, 저승길
나는 안내도 할 수 있다네

살아서 이 몸으로 가 봤기에
숨 쉬고 사는 것에 행복해 한다네
범사에 감사하며 산다네.

아! 낙죽장

마음은 죽어 이 몸이 허공임을 알았는데
몸이 살아 지금도 감각으로 나를 이끄네

아직도 살아 있다고 하는 욕심을
잘못했습니다
알게 해 주셔서 감사합니다
하고 누르며
감사합니다 감사합니다 감사합니다
낙죽장은 한 생각에 들어 있네

늘 감사함이 사무치면
아! 임과 하나 되어 있구나! 할 텐데….
그래도 감사합니다 감사합니다 감사합니다.

기적은

낙죽장이 이렇게 삶의 모양을
그려내고 있는 것
낙죽장의 몸짓이 그것이네

그 재능 어디에서 왔는가?
말로 대답하기 멋쩍어
손가락으로 위를 가리키네

혼자 있어도 지금이 가장 좋아라
정신이 초롱초롱
문덕의 맑은 바람 누구와 나눌까!

계심헌인의 명상 노래·1

둥그런 옛 시골집 안마당에서
시공을 초월한 하늘 아이들이
온갖 놀이를 하네

싯달타는 버리고
예수는 내주고
노자는 숨고
장자는 웃고 있는데
공자는 책 들고 울 밖에 있네

누가 이 한 마당 소식을
편견 없이 보리오
한 생각 일으키면
해는 저무네.

계심헌인의 명상 노래·2

유사 이래 인류 사상을
한 그물에 싸서
주암호수에 가라앉히고
환희에 찬 노래를 부른다오
하나는 하나로 둘이 아니요
둘은 둘이지만 셋은 아니요
셋은 셋이지만 넷 아니요
넷은 하나로 다섯은 없소
눈 뜨니 낙죽장은 내 것이라고는
아픈 아내와
입이 아주 작은 아들과
같이 산다는 생각도 없이
살고 있네요
문덕의 계심헌인 이 소식 누구에게 전할까
울 밖에 까치는 높이 앉아 내려다보고
수자 님은 귀를 쫑긋 세우고 엷은 미소 짓네.

계심헌인의 기도

하나님을 본 낙죽장 계심헌인이
두 가지 기도를 하네

첫 번째는 이 몸의 주인이 '나'라는
이놈(에고)을 죽여 주십시오

두 번째는 간절한 마음을 받으시고
누추한 집에 방문해 주셔서 감사합니다

오로지 감사함으로 남은 삶
임이 주신 달란트에 열심히 살겠습니다

감사합니다
감사합니다
감사합니다.

명문 차칙
- 계심헌인의 우주

O은 없다는 숫자이네

없다는 또 無로 표현하고
無는 空이고
空은 하늘이네

우주에서 삼라만상이 나와
인연 따라서 오고 가네

낙죽장 계심헌인의 명문차칙은
가장 큰 수인 O을 씨앗으로
끝없이 마음의 싹을 틔우네

나 보기에 좋으나
임 보기에도 좋았으면.

오직 한 마음

자나 깨나 오직 작품 생각뿐이니
신도 들어설 자리 없네
이게 넓은 길이고
불지옥 예약된 길이라고
겁을 줘도
낙죽장은 미리 마음의 지옥을
만들지 않네

오늘도 작품을 위해
최선을 다하고
낙죽 작품 잘 만들기 위해
건강도 챙기고
즐거움도 성취감도
그 과정에서 얻네
삶에 걸림이 느껴지면
참회하고
양심에 묻겠네.

觀(本性)

하늘을 보면 무無
눈에 보이는 모든 것이
영원한 것이 없구나 하는 것을
체득하면 궁금함 없어지네
하늘을 알면?
긍정적 삶 살지!
하늘과 하나 되면
음~ 몽~
그냥
지화자
하염없이 감사의 눈물이 나오지.

봇재 찻방에서

바닷가를 내려다보며 펼쳐진 찻자리
한 모금 머금고 우전 향을 느끼네
문득
눈에 보이는 것 모두 허상인데
나는 무엇을 붙들고 심취해 있나
임이 보시면 딴 길 가고 있는
재주 많은 아이인데
알면서도 이것이 저의 '달란트'입니다
볼멘소리함에
'너만 놔'
스치는 일갈에 몸에 찡한 전율이 느껴지네
이윽고 내 의식은 깊은 바다에 가라앉고
파노라마처럼 펼쳐지는
지나온 삶을 되돌아보고
진참회하는 마음 가지는데
찻잔의 열기 아직 식지 않았고
차향 은은히 남아 있네
아! 나 떠나도 변함없을 차밭
때가 되면 어김없이 찻잎 한 촉 두 촉.

무아無我

위로 닦고
아래로 닦고
속도 닦고 보니
몸이 깨끗해졌다는
생각 있어
그것마저 닦고 나니
비로소 깨끗해졌네
아! 보이네
맑은 하늘.

자존심

본래 없으나
이 몸이 있다고 부리는
착각이네
착각 떠난 자리엔
감사함과
사랑하는 마음만 넘치는데
아! 이 새벽에
떠오른 한 생각
하늘 보기 부끄럽게
살아와 잘못했습니다
알게 해 주신 임께
감사함을 고이 간직하며
존경합니다
그 마음 떠난 자리는
무아無我이기에
무심無心이라고
떠올려 주셨습니다.

깨달음

그대 천국을 보았는가? 보았다면 견성했네!
그대 지옥을 보았는가? 보았다면 견성했네!
부질없는 욕심이 만든 세계
천당도 지옥도 나 있어 생긴 사연
나 없으면 천당과 지옥도 없다네
그러기에 이 순간이 소중하여
낙죽장은 최선을 다한다네
열심히 살고 있잖은가? 지금.

도고마성道高魔盛

공부를 한다고 마음을 다잡고
몸을 이겨 보겠다고
의지를 굳건히 할수록
버티는 욕심도 같이 커지네

이 몸이 나라고 조상 대대로 살아온
욕심의 몸(집)을
아무 보상 없이 방 빼
본래 주인은 나이니 나가
이렇게 되면 죽기로 버티지

99.9%도 안 돼
나머지 1%의 먹물은 한순간에
한 동이의 물을 흐리게 할 수 있기에
반듯이 100%가 되어야 하네

그걸 조용히 지켜 보며 판단하는 자신自神 있네
에헤라 디야

뜰 앞 공원에 단풍나무
무성하게 자란 가지 다듬으러
큰 가위 들고 나서네.

하는 짓이 작품입니다

계심헌인의 작품 세계는
생각에 영역이 없고 만듦에 법이 없네

낙죽장의 마음 세계
금죽헌 29년 마음 씀이 계심헌 한나절이네.

스스로 매긴 값

낙죽장이 스스로 매긴 가치는 百億

그러나 겸손해야지

무거운 하나 빼고 白億

에헤라 디야~

화두라는 감옥에서
나를 꺼내다

초판 1쇄 발행 2022년 11월 25일
지은이 김기찬
편집 방수영
펴낸곳 도서출판 놀북
출판등록 제573-2019-000011호
편집실 충북 청주시 상당구 수영로 162
전화 010-2714-5200
전자우편 nolbook35@naver.com
ISBN 979-11-91913-18-7(04810)
　　　 979-11-91913-17-0 (세트)
값 10,000원

・이 도서는 국립중앙도서관 서지정보유통지원시스템 홈페이지(http://seoji.nl.go.kr)와 국가자료종합목록 구축시스템(http://kolis-net.nl.go.kr)에서 이용하실 수 있습니다.
・저작권법에 의해 보호를 받는 저작물이므로 저자와 출판사의 동의 없이 내용의 일부를 인용하거나 발췌하는 것을 금합니다.
　또 파손된 책은 구입처에서 교환해 드립니다.